KB133784

쓰면, 하고 싶지
공부

별쌤 이종희 지음

쓰면,

하고 싶지
공부

글담출판

나만의 공부를 찾아 물음여행을 떠나 볼까요?

공부를 해야 하는 진짜 이유는 뭘까요?
공부는 재미있는 걸까요? 재미없는 걸까요?
여러분이 생각하는 공부란 무엇인가요?

어른들은
좋은 대학에 가기 위해
좋은 직장에 들어가기 위해
나중을 위해
미래를 위해
지금은 힘들어도 공부해야 한다고 말해요.

정말일까요?

자문자답 청소년 공부 편은
공부를 주제로 하는 물음을 통해
스스로 코칭해 갈 수 있도록 안내합니다.

공부를 해야 하는 진짜 이유
공부를 잘할 수 있는 나만의 요령
탁월한 실력을 키워 가는 습관
공부를 통한 재미와 몰입의 경험까지.

책의 흐름에 따라 순서대로 물음을 따라가도 좋고
왠지 끌리는 질문을 먼저 만나 보아도 좋습니다.
또 답을 한 줄만 적어도 충분해요. 그림으로 표현해도 좋아요.

함께 시작해 볼까요?

새로운 여행을 시작하는 나의 친구들을 축하하고 응원하며
별쌤 이종희

Q. 기억에 남는 선생님이 있나요?

Q. 언제 처음으로 공부하기 싫다는 생각을 했나요?

Q. 요즘 공부 때문에 얼마나 스트레스를 받고 있나요?

Q. 시험은 꼭 필요할까요? 공부와 시험은 같은 걸까요?

Q. 공부의 최종 목적은 무엇일까요?

Q. 내가 적은 공부의 이유 중 가장 와 닿는 게 있나요?

Q. 나는 어떤 사람이 되기 위해 공부하는 걸까요?

Q. 나의 공부 인생을 그래프로 그려 볼까요?

Q. 공부와 행복은 어떤 관계가 있을까요?

Q. 무엇을 공부할지 내가 '선택'할 수 있다면 어떨까요?

Q. 공부란 무엇일까요?

Q. 학교 공부를 해야 하는 이유는 무엇일까요?
— 학교 공부를 하는 진짜 이유 ❶ : 살아가는 데 필요한 가장 기본적인 지식을 얻기 위해

Q. '교양 과목'이라고 들어 봤나요?
— 학교 공부를 하는 진짜 이유 ❷ : 무언가 이루어 내는 힘을 갖기 위해

Q. 게임으로는 선택적 집중력을 기를 수 없을까요?
— 학교 공부를 하는 진짜 이유 ❸ : 원하는 정보를 필요할 때 잘 꺼내어 쓰기 위해

Q. 평소 책상 정리를 잘하는 편인가요?

Q. 공부'해야' 한다 VS 공부하기로 '선택'한다

Q. 이제 나만의 공부 이유를 선언해 볼까요?
— 영국 총리 처칠이 옥스퍼드 대학 연설에서 건넨 한마디

Q. 10년 후의 내가 지금의 나에게 조언을 해준다면 어떤 말을 들려주고 싶을까요?

Q. 나만의 공부 방법이 있나요?

Q. 1년 전과 달라진 점이 있나요?

Q. 어떻게 하면 공부를 잘할 수 있을까요?

Q. 공부할 때 음악을 들으면 도움이 될까요?

Q. 친구랑 같이 공부할 때 더 잘되는 것 같나요?

Q. 공부만 하면 왜 이렇게 졸린 걸까요?

Q. 공부가 너무 하기 싫을 때는 어떻게 하나요?

Q. 연애는 공부에 방해가 될까요?

Q. 다른 사람과 비교하지는 않나요?

Q. 학원은 꼭 다녀야 할까요?

Q. 공부한 만큼 성적이 나오지 않는 것 같나요?

Q. 평소 효율적으로 시간을 관리하고 있나요?

Q. 진짜 공부는 나의 '핵심 시간'에 이루어져요

Q. 나의 '핵심 시간' 사용은 만족스러운가요?

— 잘 놀면서도 성적이 올라가는 핵심 시간 관리법

Q. 나만 목표를 세워 볼까요?

Q. 지난 시험에서 만족스러운 점이나 아쉬운 점은 무엇인가요?

Q. 얼마나 공부해야 시험 볼 준비가 된 걸까요?

Q. 시험 볼 때 자주 실수하나요?

Q. 핵심 학습능력 파악하기: 나의 어휘력은 어떤가요?

Q. 핵심 학습능력 파악하기: 나의 독해력은 어떤가요?

Q. 예습과 복습 중에 더 중요한 것은 무엇일까요?

Q. 예습, 어떻게 해야 할까요?

Q. 복습, 어떻게 해야 제대로 한 걸까요?

Q. 공부한 내용을 반복해서 보나요?

Q. 나의 문제 풀이 습관은 어떤가요?

Q. 나만의 보상 시스템이 있나요?

Q. 작은 성취에 마음껏 기뻐해요

공부 습관표 예시

1일 | 2일 | 3일 | 4일 | 5일 | 6일 | 7일 | 8일 | 9일 | 10일 | 11일 | 12일
13일 | 14일 | 15일 | 6일 | 17일 | 18일 | 19일 | 20일 | 21일

part 1

공부를 꼭 해야 하는 걸까?

Q. 평소 '공부' 하면 어떤 생각이 가장 먼저 떠오르나요?

어떤 생각이나 감정도 괜찮습니다. 낙서하듯이 편하게 적어 보세요.

Q. 내가 좋아하는 과목은 무엇인가요?

어떤 과목을 좋아하나요? 그 과목을 좋아하는 이유는 무엇인가요? 그 과목을 가르치는 선생님의 수업이 재밌나요? 아니면 원래 그 과목에 관심이 많았나요? 그 과목을 좋아하게 된 계기가 있나요?

Q. 내가 싫어하는 과목은 무엇인가요?

떠올리기만 해도 싫은 과목이 있나요? 싫어하게 된 계기나 이유가 있나요?

Q. 내가 잘하는 과목은 무엇인가요?

별로 공부를 많이 하지 않아도 점수가 잘 나오는 과목이 있나요? 노력한 만큼 성과로 이어지는 과목도 좋아요. 왜 유독 그 과목의 점수가 잘 나오는 것 같나요?

나 좀 노래 천재 같지?

나에겐 꿀성대가 있다고!

좋아하는 과목과 잘하는 과목이 같은가요?
좋아하다 보면 잘하게 되기도 하고,
잘하다 보니 좋아하게 될 수도 있어요.
좋아하는 것과 잘하는 것 사이의 연결을 찾아봅니다.

과학을 제일 잘해.
과학을 좋아하기 때문이지

Q. 내가 잘 못하는 과목은 무엇인가요?

어떤 과목이 나를 힘들게 하나요? 점수도 잘 나오지 않고, 어떻게 공부해야 할지도 모르겠고 "이 과목은 정말 어려워."라는 말이 저절로 나오는 과목이 있나요? 만약 있다면 싫어하는 과목과 같나요?

Q. 나는 공부를 좋아하나요?

이제 교과목을 떠나 공부, 그 자체를 떠올려 볼까요? 공부를 좋아하나요? 좋아하는
정도를 숫자로 나타내 보세요. 그 점수를 준 이유도 적어 봅니다.

♣ 공부를 좋아하나요?

싫어한다					그저 그렇다					좋아한다
-5	-4	-3	-2	-1	0	1	2	3	4	5

♣ 점수를 준 이유

_____

_____

_____

_____

_____

_____

_____

Q. 공부와 친해지고 싶나요?

어떤 방법이 있을까요? 하루 이틀도 아니고, 싫어하는 일을 꾸준히 하기란 정말 어려워요. 좋아하고 즐길 수 있다면 가장 좋을 텐데요. 공부와 친해지기 위한 나만의 전략을 세워 보세요.

Q. 공부는 원래 재미있는 걸까요? 재미없는 걸까요?

자유롭게 내 생각을 써보세요. 정답은 무엇일까요? 아니, 정답이라는 게 있는 걸까요?

정답은 '재미있는 것도 재미없는 것도 아니다'입니다.

이게 무슨 말일까요?
재미있는 것도 재미없는 것도 아니라니 말이죠.

'공부는 공부'입니다.

'재미있다' 또는 '재미없다'는 나의 주관적인 해석입니다.
공부란 우리가 음식을 먹고, 운동을 하는 것처럼
하나의 행위일 뿐이에요.
어떤 행위를 하고 나면 사람마다 느끼는 감정이 다른 것처럼
공부 역시 재미있다/없다로 나뉘는 것뿐이지요.
그래서 우리는 그 공부를 재밌게 또는 재미없게 만들 수도 있어요.
그건 오로지 내 선택입니다.
내가 공부를 재밌게 만들고 싶다면, 그렇게 할 수도 있어요.

즉 공부는 공부일 뿐,
공부의 '재미'는 내가 '선택'할 수 있습니다.

Q. 공부를 하면서 성취감을 느꼈던 순간이 있나요?

어떻게 하면 공부의 재미를 느낄 수 있을까요? 가장 좋은 방법은 작은 성취 경험, 성공 경험을 쌓는 거예요. 혹시 그런 경험을 한 적이 있나요?

예) 수학 문제를 꼭 참고 모두 풀었다.

싫어하는 과목이었지만 졸지 않고 열심히 수업을 들었다.

숙제할 때 한 번도
핸드폰을 보지 않다니!
나 칭찬해!

Q. 어디에서 공부할 때 가장 잘되나요?

주로 어디에서 공부하나요? 어디에서 공부할 때 가장 집중이 잘되나요? 공부가 잘되는 장소마다 공통점이 있나요? 이를 떠올리며 평소 나의 공부 환경을 떠올려 보세요. 공부가 잘되는 공간을 만들기 위해 무엇을 할 수 있을까요?

♣ 평소 공부하는 장소

♣ 공부가 잘되는 장소 특징

♣ 평소 나의 공부 환경은 어떤가요? 어떻게 바꾸면 좋을까요?

Q. 나의 집중력은 최대 몇 분인가요?

한번 집중하면, 보통 몇 분 정도 집중력이 유지되나요?

Q. 평상시 주로 어느 시간대에 공부하나요?

모두가 잠든 늦은 밤에 공부가 잘되는 사람이 있고, 이른 새벽에 잘된다는 사람이 있어요. 평상시 주로 공부하는 시간대와 가장 집중이 잘되는 시간대를 떠올려 보세요.

나는 주로
밤에 공부하지!

Q. 가장 기억에 남는 수업이 있나요?

지금까지 들었던 수업 중에 유독 기억에 남는 수업이 있나요? 수업 주제가 인상적이었거나 새로운 배움의 경험을 한 수업이 있나요?

Q. 기억에 남는 선생님이 있나요?

내게 긍정적인 영향을 미친 선생님이 있나요? 그 선생님의 수업 방식과 말투, 학생을 대하는 태도가 내게 어떤 영향을 주었는지 생각해 봅니다.

대개 사람들은 자기가 얼마나 천재적인지 모르고 지나쳐. 믿어 주는 선생님을 못 만났기 때문이야. *

*영화 〈굿 윌 헌팅〉 속 대사

Q. 언제 처음으로 공부하기 싫다는 생각을 했나요?

왜 그런 생각을 하게 되었나요? 구체적인 사건이나 계기가 있었나요?

도대체 아무리 해도
성적이 오르지 않아~!

Q. 요즘 공부 때문에 얼마나 스트레스를 받고 있나요?

10점을 기준으로 나의 공부 스트레스 정도를 체크해 보세요. 최근 스트레스가 많아 졌다면 이유가 무엇인가요? 공부량이 늘었다거나 학원을 더 다니게 되었다거나, 특별한 이유가 있나요?

♣ 공부 스트레스 지수 체크

0   1   2   3   4   5   6   7   8   9   10

♣ 이유

공부하는 과정 자체가 스트레스일 수도 있지만
스트레스의 이유가 따로 있는 경우도 있어요.

예를 들어 수학 학원을 새롭게 다니게 되었는데
그 학원의 수업 방식이 유난히 적응하기 힘들 수도 있고,
학년이 바뀌면서 배우게 된 역사 공부가 부담이 되었을 수도 있어요.

이렇듯 외부 환경의 변화가 있지는 않은지 점검해 보세요.
또 마음을 힘들게 하는 내적 이유가 있는지도 생각해 봅니다.

그리고 원인을 알았다면,
그중 한 가지라도 없애거나 줄일 수 있는 방법을 찾아보세요.

Q. 시험은 꼭 필요할까요? 공부와 시험은 같은 걸까요?

시험은 꼭 봐야 하는 걸까요? 그 이유는 무엇인가요? 필요하지 않다면 그렇게 생각하는 이유를 적어 보세요. 또 공부와 시험은 같은 걸까요? 내 생각을 적어 보세요.

시험 없는 곳으로
떠날래!

Q. 공부의 최종 목적은 무엇일까요?

우리는 왜 공부하는 걸까요? 공부 때문에 우울하고 힘들기만 한데, 좋아하고 잘하는 사람만 하면 안 되는 걸까요? 그렇지만 우리는 알고 있어요. 공부를 해야 한다는 것을요. 공부를 해야 하는 이유(목적)를 떠오르는 대로 적어 볼까요?

1.

2.

3.

4.

5.

Q. 내가 적은 공부의 이유 중 가장 와 닿는 게 있나요?

내가 적은 공부의 이유(목적)를 읽어 보고, 점수를 매겨 보세요. 그 이유가 매우 와 닿는다면 10점, 전혀 와 닿지 않는다면 0점입니다.

1. _____ 점

2. _____ 점

3. _____ 점

4. _____ 점

5. _____ 점

이 활동을 통해 하기 싫은 공부일지라도
꾸준히 해 나가는 나만의 동기를 찾을 수 있을 거예요.
나만의 공부 이유를 가지고 있어야,
힘들고 어려울 때도 포기하지 않을 수 있어요.
이를 위해서는 그 동기가 마음에 많이 와 닿을수록 좋겠지요?
내 마음을 움직일 나만의 공부 이유를 계속 찾아보세요.

Q. 나는 어떤 사람이 되기 위해 공부하는 걸까요?

공부가 '나'를 성장시킨다고 생각하나요? 공부를 통해 나는 어떤 사람이 될 수 있을까요?

너는 어떤 사람이 되고 싶니?

Q. 나의 공부 인생을 그래프로 그려 볼까요?

나의 공부 인생을 돌아볼까요? 초등학교 1학년 때부터 지금까지 공부에 대한 나의 만족도를 그래프로 표시해 보세요. 그리고 각각의 점수에 대한 이유 또는 그 점수를 주게 된 상황을 같이 적어 보세요.

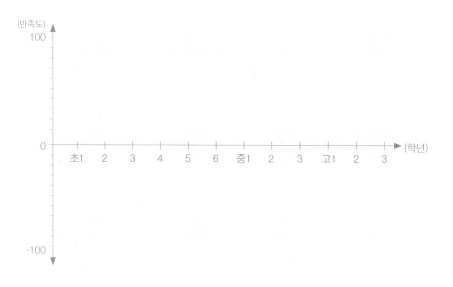

♣ 점수의 이유

♣ 당시 상황

Q. 공부와 행복은 어떤 관계가 있을까요?

미래의 행복을 위해 힘들지만 참고 공부해야 하는 것일까요? 공부를 잘해야지만 행복해질 수 있을까요?

공부를 열심히 하면
내 꿈에 다가갈 기회가
더 많아질 거야.

HAPPINESS

Q. 무엇을 공부할지 내가 '선택'할 수 있다면 어떨까요?

교과 공부가 아니어도 좋아요. 내가 하고 싶은 공부를 선택할 수 있다면 어떨까요?
그럼 공부하는 게 재밌고 행복해질까요? 하고 싶은 공부나 관심 분야가 있다면 모두
적어 보세요.

나만의 수업시간표 만들어 보기

평소 관심 분야나 배우고 싶었던 것들로 나만의 수업시간표를 만들어 보세요.

	월	화	수	목	금
1교시					
2교시					
3교시					
4교시					
5교시					
6교시					

Q. 공부란 무엇일까요?

지금까지 공부에 대해 다양하게 생각해 봤어요. 그렇다면 공부란 무엇일까요? 내가
생각하는 공부의 정의를 적어 보세요.

취미 또한 공부란 말씀!

어른들은 흔히
"쓸데없는 짓 하지 말고 공부나 해!" 하고 말합니다.
청소년 시기의 공부는 학교 공부에 한정되는 경향이 강해서이지요.
이것은 좁은 의미의 공부입니다.

공부는 삶 전체를 통해서 이루어집니다.
이게 무슨 말이냐고요?
넓은 의미에서 공부란 교과서에서 얻는 지식만이 아니라
친구와 나눈 대화, 동아리 활동, 오늘 내가 본 영화에서도 이루어지지요.

내가 좋아하는 분야를 파고들어 알아가는 것도,
시간을 내어 나의 취미를 즐기는 것도 모두 공부라는 거예요.

그리고 이렇게 쌓인 공부 경험은
성과(성적)를 내야 하는 공부에서도 놀라운 저력을 발휘해요.
즉 삶 전체가 공부입니다.

걱정 마!
신나게 논 이 시간도 큰 공부야!

Q. 학교 공부를 해야 하는 이유는 무엇일까요?

넓은 의미에서 내 모든 활동이 공부라면, 왜 학교 공부를 해야 하는 걸까요? 수학을 전공할 사람만 수학을 공부하고, 영어가 필요한 사람만 영어 공부를 하면 안 되는 걸까요? 왜 학교 공부를 해야 하는지, 스스로 납득할 만한 이유를 생각하고 적어 보세요.

1.

2.

3.

4.

5.

6.

살아가는 데 필요한 가장 기본적인 지식을 얻기 위해

반드시 알고 있어야 하는 가장 기본적인 지식을 상식이라고 합니다. 나이에 따라 상식의 수준은 달라집니다. 5세 아이는 지하철 이용법을 모를 수 있지만 중·고등학생은 모를 수가 없고, 몰라서도 안 되겠죠. (지하철을 한 번도 접한 적 없는 시골이나 산속에서 생활한 특별한 경우가 아니라면 말이죠.)

개인차는 있겠지만 자라면서 우리에게 요구되는 상식의 넓이와 깊이는 자연스럽게 확장됩니다. 나이에 알맞은 상식을 갖고 있지 않다면 어떨까요? 기본 생활이 어려울 거예요. 사람들과 관계하는 것도, 내가 원하는 것을 배우고 성취하는 것도 잘 안 될 거예요.

학교 공부는 청소년 시기에 갖추어야 할 가장 중요한 상식을 다룹니다. 점수 이전에, 다양한 과목을 균형 있게 접함으로써 세상에 대한 기초 지식을 쌓고 내가 아는 세계를 넓혀 갈 수 있도록 배움의 장을 세팅해 놓은 것이지요.

일상에서 잘 쓰지 않는 학습 어휘와 학문 용어 등을 읽고 정보를 얻는 능력을 길러 주고, 수학을 통해 논리적으로 생각하는 힘을 쌓아 주고, 사회 과목을 통해 세상의 상식을 길러 주는 등, 우리가 살아가는 데 꼭 필요한 지식과 능력을 선물합니다.

그리고 상식이라는 길이 잘 닦여져 있을 때 비로소 그 길을 토대로 다양한 길, 즉 내게 맞는 관심사, 장점, 재능, 진로 등을 모색할 수 있게 되지요.

Q. '교양 과목'이라고 들어 봤나요?

대학에서는 전공 외에 일반 교양을 위해 이수하는 과목을 교양 과목이라고 해요. 전공 과목만 배우지 않고 교양 과목을 배우는 이유는 뭘까요?

무언가 이루어 내는 힘을 갖기 위해

우리 몸의 근육처럼 우리의 뇌도 단련할 수 있는 거 아나요?

달리기, 스쿼트, 팔굽혀펴기를 통해 몸의 근육을 단련할 수 있는 것처럼 뇌도 단련할 수 있습니다. 그런데 겉으로 드러나지 않는 뇌는 어떻게 단련할 수 있을까요?

바로 공부입니다. 우리는 학교 수업을 통해 생소한 어휘를 접하고, 수업을 통해 새로운 내용을 배워요. 이 과정에서 뇌가 단련됩니다. 특히 교실에서 수업을 듣는 배움의 과정은 뇌를 자극하여 특정 힘을 키워 주는데요. 그 힘이 바로 '선택적 집중력'이에요.

어디선가 "빵!" 하고 큰 소리가 들려요. 나도 모르게 고개가 그쪽으로 돌아갑니다. 이건 (자동)반응적 주의집중입니다.

반면에 수업을 들을 때나 문제를 풀 때는 관심과 주의를 기울이기 위해 노력해야 해요. 이는 선택적 주의집중이에요. 공부를 잘하느냐 못하느냐와 상관없이, 모든 학생이 12년 동안 학교에 가서 수업을 듣는 이유가 바로 여기에 있습니다.

이 힘을 쓸 수 있는 근육이 잘 발달하지 않으면 어떻게 되겠어요. 공부할 때도 어수선하고 사람들과 관계를 맺을 때도 산만한 사람이 되겠지요. 그러면 나중에 내가 진짜 하고 싶은 공부가 생기거나, 알고 싶은 분야가 생겨도, 설령 그것이 취미 활동일지라도, 금방 집중이 흐트러져 재미를 느끼지 못하고 포기하게 될 확률이 커요.

선택적 집중력은 이처럼 무언가를 이루어 내는 데 꼭 필요한 힘입니다. 왜 학교 공부를 해야 하는지 조금은 와 닿는 이유가 생겼나요?

꼭 이루고 싶은 게 있니?

Q. 게임으로는 선택적 집중력을 기를 수 없을까요?

하루 평균 게임 시간이 얼마나 되나요? 게임할 때는 집중이 잘되는데 왜 공부할 때는 안 되는 걸까요?

♣ 게임할 때의 집중력은 최대 몇 분인가요?

♣ 왜 게임할 때 집중이 더 잘되는 것 같나요?

♣ 게임 외에 몰입해 본 경험이 있나요?

♣ 공부하다 집중을 잃었을 때 다시 집중하기 위한 요령이 있나요?

게임을 하거나 예능 프로그램을 볼 때면
누구나 어려움 없이 집중합니다.
게임이나 예능 프로그램은 집중을 위한 장치들이
이미 세팅되어 있거든요.
그래서 내가 '힘(노력)'을 쓰지 않아도 저절로 집중이 되어요.
몰입의 주체가 내가 아니라 게임인 것이지요.

물론 게임을 즐기는 것도 좋아요.
하지만 '게임을 통해서만 몰입하는 경험'이 이루어지고
습관이 되어 버리면 정작 필요할 때,
예를 들어 공부를 해서 원하는 결과를 얻고자 할 때,
꿈을 찾고 선택해야 하는 중요한 순간이 왔을 때,
혹은 논리적으로 뭔가를 결정을 해야 할 때
힘(집중력)을 쓸 수 없게 됩니다.

물론 여러 영역에서 몰입을 경험하고 재미를 느낀 적이 있다면,
게임을 통해 몰입과 재미를 경험해도 괜찮아요.
하지만 게임을 통해서만 이를 경험한다면
뇌의 근육은 힘을 잃게 됩니다.

원하는 정보를 필요할 때 잘 꺼내어 쓰기 위해

공부를 잘하기 위해서는 정보를 내 것으로 만들어(입력) 필요할 때 꺼내 쓰는 능력(출력)이 뛰어나야 합니다. 똑같은 시간을 공부해도 유독 점수가 잘 나오는 친구가 있는 것도 이 때문이지요.

예를 들어 좋아하는 가수나 노래가 있나요? 요즘은 대부분 멜론이나 유튜브에서 음악을 스트리밍해서 듣지만 만약 내가 좋아하는 노래를 200곡 정도 다운로드받는다면 어떨까요.

이때 폴더별로 정리하지 않는다면, 원하는 노래를 찾기 어려울 것입니다. 하지만 만약 가수, 장르, 앨범 등 자신만의 기준으로 분류해서 다운로드받는다면 어떨까요? 그러면 듣고 싶은 노래를 필요할 때 쉽게 꺼내어 들을 수 있을 거예요.

이렇게 체계적으로 정보를 분류하여 기억하고 필요한 순간 원하는 정보를 꺼내어 쓸 수 있는 힘(입력-분류-저장-출력)을 '논리적 기억력'이라고 합니다.

학교 공부를 왜 해야 할까요? 다양한 교과 내용을 배우고 익히는 과정에서 논리적 기억능력이 발달하기 때문입니다.

지식과 정보를 자기 것으로 만들고, 그 지식을 카테고리별로 연결시키는 힘인 논리적 기억력은 나만의 새로운 아이디어를 만들어 내는 창의적 사고의 토대가 됩니다. 이는 공부와 인생을 탁월하게 하는 핵심능력이지요.

정보를 잘 분류하여
기억해야 필요할 때
쉽게 꺼내 쓸 수 있다멍~!

Q. 평소 책상 정리를 잘하는 편인가요?

평소 분류를 체계적으로 잘하는 편인가요? 잘 모르겠다면, 내 방, 책상, 컴퓨터 바탕
화면 등을 살펴보세요. 잘 정리되어 있나요? 노트 필기는 어떤가요? 이를 통해 나의
논리적 기억력 정도를 파악할 수 있어요.

♣ 책상 정리

♣ 내 방

♣ 컴퓨터 바탕화면

♣ 노트 필기

Q. 공부 '해야' 한다 VS 공부하기로 '선택'한다

해야 한다고 생각하면 부담이 되고 오히려 하기가 싫어질 때가 많습니다. '해야 한다'는 표현 대신 '하기로 선택한다'로 생각과 언어를 바꿔 보세요. 한번 연습해 볼까요?

1. 숙제 : 숙제해야 한다

→
_____

2. 공부 : 공부해야 한다

→
_____

3. (   ) : (   ) 해야 한다

→
_____

4. (   ) : (   ) 해야 한다

→
_____

5. (   ) : (   ) 해야 한다

→
_____

부모님이 학원을 가라고 하니 학원을 가고,
안 하면 혼이 나니 숙제를 합니다.
당연히 뭐든 재밌을 리가 없지요.
하기 싫고, 왜 해야 하는지 짜증만 납니다.
내 삶인데 왜 내 맘대로 하지 못하는 것인지 불만이 쌓입니다.

이제부터 스스로 선택해 보세요. 내 삶의 주도권을 가져오세요.
공부도 마찬가지입니다.

물론 그렇다고 단번에 공부가 좋아지기는 힘듭니다.
다만 언어를 바꾸면 마음가짐도 조금씩 달라져요.

하루에 한 번씩, "나는 공부하기로 선택했다!" 하고 외쳐 보세요.
그리고 어떤 변화가 일어나는지 경험해 보세요.

Q. 이제 나만의 공부 이유를 선언해 볼까요?

'나는 공부하기로 선택한다'라는 말과 함께 그 이유를 적어 보세요. 이미 앞에서 이야기 나눈 공부의 이유를 적어도 좋고, 나만의 새로운 이유를 적어도 좋습니다.

나는 이제 '공부하기로 선택한다'

왜냐하면

나는 이제 '공부하기로 선택한다'

왜냐하면

나는 이제 '공부하기로 선택한다'

왜냐하면

나는 이제 '공부하기로 선택한다'

왜냐하면

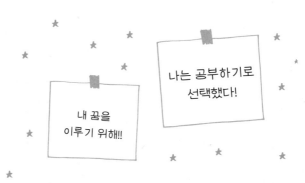

선언 내용이 잘 보이게
A4 용지나 포스트 잇에 적어서 책상 앞이나
방문 또는 천장에 붙여 보세요.
인증샷을 찍어 SNS에 올려도 좋습니다.

영국 총리 처칠이 옥스퍼드 대학 연설에서 건넨 한마디

윈스턴 처칠은 제2차 세계대전 당시 연합군이 매우 불리한 상황에서도 포기하지 않고 영국군을 지휘하여 독일의 히틀러가 유럽을 지배하는 것을 막고 전쟁을 승리로 이끈 위인입니다. 지금까지도 영국인에게 많은 존경과 사랑을 받고 있죠.

은퇴 후 처칠은 옥스퍼드 대학에서 연설을 해달라는 요청을 받았어요. 이제 나이가 많이 든 그는 천천히 단상 위로 올라와 단 한마디를 했는데요, 이 한 문장이 세계적으로 유명한 연설이 되었습니다.

"Never give up."
결코 포기하지 마세요.

네, 그래요. 이 한 문장입니다.
어쩌면 윈스턴 처칠의 인생을 대변해 주는 말인지도 모르겠어요. 윈스턴 처칠은 어린 시절 말을 더듬어 놀림을 받았고, 학업 성적도 좋지 못했어요. 집에서 사고뭉치 아들이었지요. 그런 그가 많은 어려움을 이겨내고 영국의 총리가 된 것이에요.

공부를 한다고 해서 바로 성과가 나온다면 정말 좋겠지만, 그 결과가 시간이 한참 지나 나오기도 합니다. 그만큼 공부는 힘들고 지치기 쉬워요.

 그럴 땐 잠시 쉬어도 괜찮아요. 남과 비교할 거 없어요. 오직 나를 위한 공부
이니, 나만의 속도로 나만의 공부 이유를 물어가며 한 걸음씩 나아가도 좋아
요. 그러다 보면 시작할 때는 생각지도 못했던 변화가 찾아올 거예요.

Never give up!! 나만의 속도로 한걸음씩!

Q. 10년 후의 내가 지금의 나에게 조언을 해준다면 어떤 말을 들려주고 싶을까요?

본격적으로 내게 맞는 공부법을 알아보기 전에 편지를 쓰듯 내게 마음을 전해 봅니다.

지금의 나에게

찾고 싶어, 내게 맞는 공부법

Q. 나만의 공부 방법이 있나요?

사람마다 공부하는 방법이 다릅니다. 평소 어떻게 공부하는지, 시험 기간을 보내는 나만의 요령이 있다면 적어 보세요.

나만의 공부 비법을 찾으러!

Q. 1년 전과 달라진 점이 있나요?

아인슈타인은 "같은 생각과 행동을 반복하면서 새로운 결과가 나오길 바랄 수는 없다"고 말했습니다. 지금 내 공부 방식을 점검해 보세요. 같은 패턴(생각과 행동)이 반복되고 있는 것은 아닌지 살펴봅니다.

Q. 어떻게 하면 공부를 잘할 수 있을까요?

공부를 잘한다는 건 무슨 뜻일까요? 기억을 잘하고 시험을 잘 본다는 뜻일까요? 어떻게 하면 공부를 잘할 수 있을까요? 내 생각을 적어 보세요.

단번에 무언가를 잘할 수는 없어요.
시도하고 때로는 실패하고,
수정하고 재시도(도전)하는 반복이 필요합니다.

Q.공부할 때 음악을 들으면 도움이 될까요?

음악을 들으면서 공부하는 편인가요? 음악을 들으며 공부하면 집중이 더 잘되는 것
같나요?

20-2=15
2+2=5

나는 음악 들으면서
공부하면
더 집중이
잘되는 것 같아.

동시에 여러 일을 하는 것을
멀티 태스킹^{multitasking}이라고 하지요.

그런데 우리 뇌는 동시에 두 가지 일을 처리하는
멀티 태스킹이 되지 않는다고 해요.
여러 일을 처리하는 것처럼 보이지만
실상은 하나, 하나를 개별적으로 처리하는 거지요.
그러니 한 번에 한 가지 일을 하는 것이 좋습니다.

하지만 백색소음처럼 집중력에 도움을 주는 경우도 있어요.
국어나 영어처럼 언어와 관련된 공부를 할 때는 가사가 없는 음악을,
수학 문제를 풀 때는 가사가 있는 음악을 틀어놓으면
집중이 잘 된다는 사람도 있고요.

나에게는 어떤 환경이 도움이 될까요?
한번 생각해 봅니다.

Q. 친구랑 같이 공부할 때 더 잘되는 것 같나요?

평상시 공부할 때 친구와 함께하는 편인가요? 아니면 혼자 공부하나요? 장점과 단점을 적어 보세요.

Q. 공부만 하면 왜 이렇게 졸린 걸까요?

1교시? 5교시? 언제 가장 졸리나요? 수업 시간에 습관적으로 너무 많이 졸지는 않나요? 보통 몇 시에 자고 몇 시에 일어나나요? 자는 도중에 자주 깨거나 꿈을 많이 꾸지는 않나요? 나의 수면 패턴을 적어 보세요.

이제 시작했는데.

Q. 공부가 너무 하기 싫을 때는 어떻게 하나요?

마음을 다잡고 하려고 해도 너무 하기 싫을 때가 있죠. 그럴 때는 어떻게 하나요? 하기 싫은 마음을 이겨 내는 나만의 방법이 있나요?

잠시 맑은 공기 좀

Q. 연애는 공부에 방해가 될까요?

좋아하는 사람에게 잘 보이고 싶어서 오히려 공부가 잘된다는 친구도 있어요. 나는 어떤 성향 같나요?

Q. 다른 사람과 비교하지는 않나요?

혹시 다른 사람과 비교하며 시간과 에너지를 낭비하고 있지는 않나요? 비교는 내게 아무 도움이 되지 않아요. 잘못된 우월감과 자괴감에 빠져들게 할 뿐이지요. 어제보다 오늘 더 알찬 하루를 보냈는지, 조금씩 좋은 습관을 쌓아가고 있는지 등, 내가 비교할 수 있는 사람은 오직 나뿐이에요.

♣ 다른 사람과 비교하며 내 자신이 초라하게 느껴진 적이 있나요?

아니다					보통이다					그렇다
-5	-4	-3	-2	-1	0	1	2	3	4	5

♣ 나도 모르게 남들과 자꾸 비교하게 되는 이유는 무엇일까요?

Q. 학원은 꼭 다녀야 할까요?

현재 다니고 있는 학원이나 과외 일정을 요일별로 적어 보세요. 학원이나 과외로 보내는 시간은 얼마나 되나요?

	과목 / 시간	과목 / 시간	과목 / 시간	과목 / 시간	총 시간
월					
화					
수					
목					
금					
토					
일					

학원이나 과외의 도움을 받을 수는 있어요.
하지만 의존해서는 안 됩니다.

내가 직접 풀고 암기해야 내 것으로 소화할 수 있어요.
그런데 의존하다 보면 떠먹여 주는 공부만 하게 되고,
학원을 안 가면 불안감을 느낄 수도 있어요.

외부의 '도움'을 받아 '스스로' 해 나가는 것이지
스스로 하는 힘이 약해지지 않도록 주의해야 해요.
학원이나 과외로 인해 '핵심 시간(77쪽에서 다시 설명할게요.)'이
너무 부족하지는 않은지도 점검해 보면 좋겠습니다.

Q. 공부한 만큼 성적이 나오지 않는 것 같나요?

학교 갔다, 학원 갔다, 숙제하고, 하루 종일 공부만 하는 것 같은데, 성적이 나오지 않는 것 같나요? 하루 동안 공부에 쏟는 시간이 얼마나 되는 것 같나요?

내 것으로 소화해야
진짜 실력이 된다냥!

Q. 평소 효율적으로 시간을 관리하고 있나요?

나의 하루를 돌아볼까요? 어떻게 시간을 사용하고 있나요? 시간을 효율적으로 관리하기 위해 플래너 등을 사용해 본 적이 있나요? 시간 관리를 해보려 했지만 잘되지 않았던 경험이 있다면 함께 들려주세요.

Q. 진짜 공부는 나의 '핵심 시간'에 이루어져요

핵심 시간이란 내가 자유롭게 쓸 수 있는 시간을 말해요. 요일별 나의 핵심 시간을 파악해 볼까요?

월 : (   ) 시간

화 : (   ) 시간

수

목

금

토

일

1주일 168시간 중 나의 핵심 시간은 총 (   ) 시간

'핵심 시간'이란
학교나 학원에 가 있는 시간, 과외 하는 시간,
잠자거나 밥 먹는 시간, 이동하는 시간 등을 모두 빼고
'순수하게' 내가 스스로 선택해서
쓸 수 있는 시간을 뜻해요.

우리가 학교나 학원 등에서 수업을 받는 시간도
공부하는 시간이라고 생각할 수 있지만,
내게 쌓이는 공부는 핵심 시간에 이루어져요.
그만큼 나의 핵심 시간을 알고 효율적으로 사용하는 것이 중요하죠.
어쩌면 학년이 올라갈수록
이런 핵심 시간이 별로 없을 수도 있어요.

Q. 나의 '핵심 시간' 사용은 만족스러운가요?

나의 핵심 시간을 파악해 본 뒤, 주로 그 시간에 무엇을 하는지 적어 보세요. 시간도 같이 적어 보면 좋아요. 그리고 깨달은 점과 개선해야 할 점이 있다면 함께 적어 보세요.

핵심 시간이 뭐야?
먹는 건가?

효율적인 시간 관리를 위해,
모든 일을 기록하고 계획대로 실천해야 하는 건 아닙니다.
다만 최소한의 기록마저 없으면
평소 내가 시간을 어떻게 보내는지 파악할 수가 없어요.
그리고 시간을 기록하면
자기주도 학습을 해 나갈 때 큰 도움이 됩니다.

잘 놀면서도 성적이 올라가는 핵심 시간 관리법

핵심 시간을 어떻게 관리하면 좋을까요?

우선 '나의 핵심 시간'에 대해 생각해 보고 기록하는 습관이 중요해요. 핵심 시간을 인식하고 기록하는 것에 익숙해지면 그 다음 단계는 핵심 시간을 '재미 시간(놀이와 휴식 시간)'과 '몰입 시간(주도적 공부와 숙제 시간)'으로 나누어서 사용해 보세요.

핵심 시간에 꼭 공부만 해야 하는 것은 아니에요.

놀이와 휴식 그리고 공부 사이의 균형이 필요해요.

놀이와 휴식 시간에는 마음 편히 놀고 쉴 수 있어야 하는데 그렇지 못하는 경우가 많아요. 놀면서도 부모님의 눈치를 보거나 스스로 '공부해야 하는데~' 하고 스트레스받곤 하지요. 공부할 때 역시 집중하지 못하고 하기 싫다, 놀고 싶다는 생각만 들고요.

놀 때 잘 놀고, 공부할 때 열심히 공부할 수 있도록 재미 시간과 몰입 시간을 구분해서 기록해 봅니다. 이렇게 시간을 구분해서 기록하는 것만으로도 놀때 잘 놀면서도 성적이 올라가는 습관을 만들 수 있어요. 놀랍지 않나요?

핵심 시간 관리하기 연습

♣ 1주 차

날짜	/ 핵심 시간 ( )	/ 핵심 시간 ( )	/ 핵심 시간 ( )	/ 핵심 시간 ( )	/ 핵심 시간 ( )	/ 핵심 시간 ( )	/ 핵심 시간 ( )
몰입 시간							
재미 시간							

♣ 2주 차

날짜	/ 핵심 시간 ( )	/ 핵심 시간 ( )	/ 핵심 시간 ( )	/ 핵심 시간 ( )	/ 핵심 시간 ( )	/ 핵심 시간 ( )	/ 핵심 시간 ( )
몰입 시간							
재미 시간							

Q. 나만의 목표를 세워 볼까요?

공부의 효과를 높이는 가장 좋은 방법은 목표를 정하는 것입니다. 과목별 목표 점수
가 있나요? 평균 점수 향상을 목표로 해도 좋고, 특정 과목을 목표로 해도 좋습니다.
지난 시험 점수를 바탕으로 목표를 세워 보세요.(이 질문에 바로 답하기 어렵다면, 다음 페
이지에 이어지는 질문에 대해 먼저 생각해 봐도 좋아요.)

♣ 나의 목표는

_____

_____

_____ 것이다.

♣ 나의 목표는

_____

_____

_____ 것이다.

목표를 향해
조준! 발사!

Q. 지난 시험에서 만족스러운 점이나 아쉬운 점은 무엇인가요?

시험 때마다 반복되는 패턴이 있나요? 지난 시험들을 떠올려 보고, 만족스러운 점이나 아쉬운 점을 모두 적어 보세요.

예) 지난 시험을 볼 때 꼭 미리 준비하겠다고 다짐했지만, 이번에도 벼락치기를 한 점이 후회스럽다.

Q. 얼마나 공부해야 시험 볼 준비가 된 걸까요?

사람마다 '공부를 다 했다'라고 판단하는 기준이 달라요. 그렇지만 분명 공부를 했음에도 시험에 모르는 문제가 너무 많이 나온다면, 혹은 시험 점수가 좋지 않다면 공부를 제대로 했다고 보기는 어려워요. 공부를 얼마나 해야 시험 준비가 된 걸까요? 어떤 기준을 세울 수 있을까요? 예를 참고하여 적어 보세요.

☆ 교과서를 정독했나요?

☆ 선생님의 필기 내용을 확인했나요?

☆

☆

☆

☆

☆

Q. 시험 볼 때 자주 실수하나요?

아는 문제인데 실수로 틀린 경험이 있나요? 실수를 자주하는 편인가요? 나의 실수 경험을 적어 보세요.

모르는 문제를 틀리면
'공부가 부족했구나' 하고 생각할 수 있어요.
하지만 아는 문제를 실수로 틀리면 너무 아쉬워요.

너무 긴장해서 실수하기도 하는데요,
우선 '내가 공부한 문제는 꼭 다 맞추겠다'는 목표 의식을 갖고
문제 풀이를 해보세요.

그래도 실수가 나올 때는 조금 엉뚱한 방법처럼 보이지만
틀린 문제 옆에다가 '실수 추방하기 운동본부!!' 와 같이
유머 있는 자기만의 문장 또는 단어를 적어 보는 거예요.
이 방법은 뇌가 실수에 대해 인식하도록 도와
실수를 줄여 줘요.

Q. 핵심 학습능력 파악하기: 나의 어휘력은 어떤가요?

공부를 하다가 모르는 단어가 유난히 많이 나오는 과목이 있나요? 만약 공부하는 중에 모르는 단어가 나오면 어떻게 하나요? 정확하게 알지 못한 채 그냥 넘어가는 경우가 있지 않나요?

오잉~? 신기하네.
분명 읽었는데 모르겠어!

공부의 가장 기본은 개념어를 아는 거예요.
영단어를 모르면 독해를 할 수 없는 것처럼
다른 과목들도 어휘가 부족하면
제대로 실력을 쌓을 수 없습니다.

Q. 핵심 학습능력 파악하기: 나의 독해력은 어떤가요?

교과서나 문제집을 읽으면 한번에 이해가 가나요? 아무리 글을 읽어도 어디에 중요 표시를 해야 할지 잘 모르겠나요? 혹은 다 중요하게 여겨지나요?

'이 글에서 가장 중요한 핵심이 뭘까?'
이런 물음을 갖고
핵심어에 나만의 표식을 남기면서 읽기만 해도
독해력이 좋아져요.

Q. 예습과 복습 중에 더 중요한 것은 무엇일까요?

예습, 복습이 중요하다고 하는데 둘 중에 뭐가 더 중요할까요? 그렇게 생각하는 이유도 한번 적어 봅니다.

복습을 하면 배운 걸
더 완벽히 알 수 있어!

Q. 예습, 어떻게 해야 할까요?

예습을 해본 적이 있나요? 예습을 통해 공부가 더 잘되었던 경험이 있다면 적어 봅니다.(해보지 않았어도 괜찮아요.)

예습을 하면
수업 시간에 더
집중할 수 있지!

5분이면 충분! 쉽고 간단한 예습 요령

1. 교과서나 문제집의 차례를 읽어 보고 단원 제목을 확인합니다.
   (목차를 외울 수 있으면 더 좋아요.)
2. 앞으로 배울 내용을 눈으로 훑으며 모르는 단어가 나오면 물음표로
   표시하고 노트에 따로 정리해 봅니다.
3. 소리 내어 읽으며 핵심어에 동그라미를 칩니다.

Q. 복습, 어떻게 해야 제대로 한 걸까요?

복습 어떻게 하고 있나요? 나만의 복습 방법을 소개해 주세요.

1분이면 충분! 쉽고 간단한 복습 요령

1. 오늘 배운 내용을 과목별로 브레인스토밍을 해봅니다.
2. 자유롭게 떠오른 내용, 키워드를 적습니다.

브레인스토밍이란 떠오르는 아이디어를
자유롭게 논의하는 회의 방식이에요.
보통은 아이디어 발상법으로 많이 사용하지만,
주어진 시간 안에 빠르게 내용을 떠올리며 적어 봄으로써
쉽고 간단하게 복습 효과를 얻을 수 있어요.

떠오르는 대로
내용을 적어 봐!

Q. 공부한 내용을 반복해서 보나요?

공부한 내용을 유창하게 설명할 수 있을 만큼 충분히 반복하고 있나요?

이제
그만해도 되겠어!
눈감고도
말할 수 있을 것 같아.

Q. 나의 문제 풀이 습관은 어떤가요?

문제 풀이를 통해 내가 무엇을 얼마나 아는지 점검할 수 있어요. 개념 공부만 하고 문제를 풀지 않는 것은 아닌지, 문제 풀이 양은 얼마나 되는지 점검해 봅니다.

문제를 풀다가 자꾸 개념이 설명되어 있는
앞장을 찾아보는 것은 좋지 않은 습관이에요.
충분히 개념 공부가 된 상태에서
실전처럼 목표 시간을 정해 놓고 푸는 연습을 해야 합니다.

채점을 했을 때 오답률이 20%가 넘는다면
문제 푸는 것을 멈추고 개념을 꼼꼼하게 다시 공부해야 해요.
안 그러면 오답을 점검하느라
시간과 에너지를 모두 낭비하게 됩니다.

개념 공부가 제대로 되어 있다면
문제집 한 권만 풀어도 시험 점수를 잘 받을 수 있어요.
하지만 학교별 시험 출제 방식이나 난이도를 생각했을 때
과목별로 2~3권 정도의 문제집을 푼다면
전교 1등 수준의 공부량이라고 할 수 있어요.

Q. 나만의 보상 시스템이 있나요?

공부에 도움이 되는 나만의 보상 시스템이 있나요? 나에게 도움이 되는 보상에는 무엇이 있을까요?

★ 목표한 양까지 끝내면 좋아하는 웹툰을 보겠다.

★ 점심(저녁)에 무엇을 먹을지 미리 정한다.

★

★

★

★

할 일을 다 했으니
오늘은 30분 더 놀 수 있어!

Q. 작은 성취에 마음껏 기뻐해요

1점일지라도 시험 점수가 올랐다면 마음껏 기뻐합니다. 노트 필기를 잘했을 때도 스스로 칭찬해 주세요. 이렇게 작은 성취에 기뻐하는 태도를 가진다면 어떨까요? 내가 이룬 작은 공부 성취를 적어 보고 감탄해 봅니다.

와우~!
저번 시험보다
한 개 더 맞았어!

wow

1. 역사 시험 점수가 4점이나
   더 올랐네. 와우~! 대단한걸.

2. 영단어를 어제보다 2개나 더 외우다니.
   잘했어!

3.

4.

5.

6.

7.

part 3

21일 공부 습관 프로젝트

공부 습관표 예시

습관으로 자리 잡히는 데는 최소 21일이 걸린다고 해요. 21일 프로젝트를 통해 작은 성취 경험을 쌓아 새로운 공부 습관을 만들어 봅니다.

날짜	11. 1 .1	오늘의 핵심 시간	6시간

작은 성취 경험을 적은 후 스스로 칭찬해 줍니다.

- 학원 다녀오자마자 숙제를 했다. 뿌듯해~!

매일 하면 좋은 습관 체크리스트
(나만의 습관 체크리스트를 적어 보세요.)

☐ 잠자기 전에 책 한 장 읽기

☐ 오늘 배운 것 중 원하는 과목 15분 복습하기

☐ 이불 정리하기

☐ 팔굽혀펴기 5개 하기

☐ '오늘 좋은 일이 내게 일어날 거야' 긍정의 말로 하루 시작하기

날짜		오늘의 핵심 시간	

작은 성취 경험을 적은 후 스스로 칭찬해 줍니다.

매일 하면 좋은 습관 체크리스트

☐

☐

☐

☐

☐

☐

☐

날짜		오늘의 핵심 시간	

작은 성취 경험을 적은 후 스스로 칭찬해 줍니다.

매일 하면 좋은 습관 체크리스트

- ☐
- ☐
- ☐
- ☐
- ☐
- ☐
- ☐

D_3

날짜		오늘의 핵심 시간	

작은 성취 경험을 적은 후 스스로 칭찬해 줍니다.

매일 하면 좋은 습관 체크리스트

- ☐
- ☐
- ☐
- ☐
- ☐
- ☐
- ☐

D_4

날짜		오늘의 핵심 시간	

작은 성취 경험을 적은 후 스스로 칭찬해 줍니다.

매일 하면 좋은 습관 체크리스트

☐

☐

☐

☐

☐

☐

☐

D_5

날짜		오늘의 핵심 시간	

작은 성취 경험을 적은 후 스스로 칭찬해 줍니다.

매일 하면 좋은 습관 체크리스트

☐

☐

☐

☐

☐

☐

☐

D_6

날짜		오늘의 핵심 시간	

작은 성취 경험을 적은 후 스스로 칭찬해 줍니다.

매일 하면 좋은 습관 체크리스트

☐

☐

☐

☐

☐

☐

☐

날짜		오늘의 핵심 시간	

작은 성취 경험을 적은 후 스스로 칭찬해 줍니다.

매일 하면 좋은 습관 체크리스트

- ☐
- ☐
- ☐
- ☐
- ☐
- ☐
- ☐

D_8

날짜		오늘의 핵심 시간	

작은 성취 경험을 적은 후 스스로 칭찬해 줍니다.

매일 하면 좋은 습관 체크리스트

☐

☐

☐

☐

☐

☐

☐

D_9

날짜		오늘의 핵심 시간	

작은 성취 경험을 적은 후 스스로 칭찬해 줍니다.

매일 하면 좋은 습관 체크리스트

- ☐
- ☐
- ☐
- ☐
- ☐
- ☐
- ☐

D_10

날짜		오늘의 핵심 시간	

작은 성취 경험을 적은 후 스스로 칭찬해 줍니다.

매일 하면 좋은 습관 체크리스트

☐

☐

☐

☐

☐

☐

☐

날짜		오늘의 핵심 시간	

작은 성취 경험을 적은 후 스스로 칭찬해 줍니다.

매일 하면 좋은 습관 체크리스트

- ☐
- ☐
- ☐
- ☐
- ☐
- ☐
- ☐

D_12

날짜		오늘의 핵심 시간	

작은 성취 경험을 적은 후 스스로 칭찬해 줍니다.

매일 하면 좋은 습관 체크리스트

- ☐
- ☐
- ☐
- ☐
- ☐
- ☐
- ☐

날짜		오늘의 핵심 시간	

작은 성취 경험을 적은 후 스스로 칭찬해 줍니다.

매일 하면 좋은 습관 체크리스트

☐

☐

☐

☐

☐

☐

☐

D_14

날짜		오늘의 핵심 시간	

작은 성취 경험을 적은 후 스스로 칭찬해 줍니다.

매일 하면 좋은 습관 체크리스트

☐

☐

☐

☐

☐

☐

☐

D_15

날짜		오늘의 핵심 시간	

작은 성취 경험을 적은 후 스스로 칭찬해 줍니다.

매일 하면 좋은 습관 체크리스트

- ☐
- ☐
- ☐
- ☐
- ☐
- ☐
- ☐

D_16

날짜		오늘의 핵심 시간	

작은 성취 경험을 적은 후 스스로 칭찬해 줍니다.

매일 하면 좋은 습관 체크리스트

☐

☐

☐

☐

☐

☐

☐

D_17

날짜		오늘의 핵심 시간	

작은 성취 경험을 적은 후 스스로 칭찬해 줍니다.

매일 하면 좋은 습관 체크리스트

☐

☐

☐

☐

☐

☐

☐

D_18

날짜		오늘의 핵심 시간	

작은 성취 경험을 적은 후 스스로 칭찬해 줍니다.

매일 하면 좋은 습관 체크리스트

☐

☐

☐

☐

☐

☐

☐

D_19

날짜		오늘의 핵심 시간	

작은 성취 경험을 적은 후 스스로 칭찬해 줍니다.

매일 하면 좋은 습관 체크리스트

- ☐
- ☐
- ☐
- ☐
- ☐
- ☐
- ☐

D_20

날짜		오늘의 핵심 시간	

작은 성취 경험을 적은 후 스스로 칭찬해 줍니다.

매일 하면 좋은 습관 체크리스트

☐

☐

☐

☐

☐

☐

☐

D_21

날짜		오늘의 핵심 시간	

작은 성취 경험을 적은 후 스스로 칭찬해 줍니다.

매일 하면 좋은 습관 체크리스트

☐

☐

☐

☐

☐

☐

☐

그 무엇도 나를 괴롭힐 수 없게
나를 아끼고 소중하게 여겨 주세요.
공부도 중요하고 성적도 무시할 수 없지만,
나는 공부보다 훨씬 더 소중하고 큰 존재입니다.

그 무엇과도 비교할 수 없을 만큼
나는 존재만으로 특별하고 가치 있습니다.

"Everything is going to be ok!"

우리말로 하면 '괜찮아'라는 뜻이에요.
언제나 어디서나 무슨 일이 있어도 스스로 괜찮다고 말해 주세요.
낮은 성적에 자꾸만 자신감이 떨어질 때면
"괜찮아, 나는 공부보다 소중한 존재인걸." 하고
이겨 낼 수 있는 마음의 공간을 마련해 두기를 바랍니다.
부모님의 잔소리, 친구의 비난 등등
그 무엇도 침범할 수 없는, 마음의 공간을 말이지요.

공부와 인생을 꿰뚫는 나만의 물음을 찾아보세요

공부를 주제로 하는 물음여행에
함께해 줘서 고맙습니다.

물음을 만나며
조금씩 새로운 방향으로
생각이
습관이
바뀌어 갔기를 바랍니다.

더 좋은 방법은 없을까?
이게 최선일까?
어떤 물음을 던져야 할까?

이렇게
자기 자신만의
또 다른 물음여행이
시작되는 계기가 되길 응원합니다.

쓰면, 하고 싶지 공부

초판 1쇄 인쇄 2023년 3월 29일
초판 1쇄 발행 2023년 4월 10일

지은이 이종희 **펴낸이** 김종길
펴낸 곳 글담출판사 **브랜드** 글담출판

기획편집 이은지 · 이경숙 · 김보라 · 김윤아 **영업** 성홍진
디자인 손소정 **마케팅** 김민지 **관리** 김예솔

출판등록 1998년 12월 30일 제2013-000314호
주소 (04029) 서울시 마포구 월드컵로8길 41 (서교동 483-9)
전화 (02) 998-7030 **팩스** (02) 998-7924
블로그 blog.naver.com/geuldam4u **이메일** to_geuldam@geuldam.com

ISBN 979-11-91309-40-9 (44370)
      979-11-91309-38-6 (세트)

책값은 뒤표지에 있습니다.
잘못된 책은 바꾸어 드립니다.

만든 사람들 ————————
책임편집 이경숙 **디자인** 정현주

글담출판에서는 참신한 발상, 따뜻한 시선을 가진 원고를 기다리고 있습니다. 원고는 글담출판 블로그와 이메일을 이용해 보내주세요. 여러분의 소중한 경험과 지식을 나누세요.